Lebensmitteldetektivin Bella auf der Suche nach der geheimen Essensformel

Arabelle Kamler

© 2023, Belle-Group e.U.
Gründerin & Inhaberin:
Arabelle Kamler
Büro: +43 (0) 1 913 4814
Mobil: +43 (0) 676 680 37 35
E-Mail: office@belle-group.at
www.belle-group.at

Social Media:
www.facebook.com/bellegroup.arabelle
www.linkedin.com/in/arabelle-kamler-b6131bb3
www.instagram.com/arabellekamler

ISBN: 978-3-95778-262-5
1. Auflage

Druckabwicklung und Verlagsauslieferung: One World Distribution, Remscheid.

Arabelle
Kamler

Lebensmitteldetektivin
BELLA
auf der Suche nach der geheimen
Essensformel

*Dieses Buch widme ich
meinen wundervollen Kind:*

LIEBE BELINDA!

*Du hast mir gezeigt,
was im Leben wichtig ist
und dafür bin ich so dankbar.*

*Mein Ziel im Leben ist,
dass du stets gesund und glücklich bist!*

*Deine
dich unendlich liebende Mami*

Inhalt

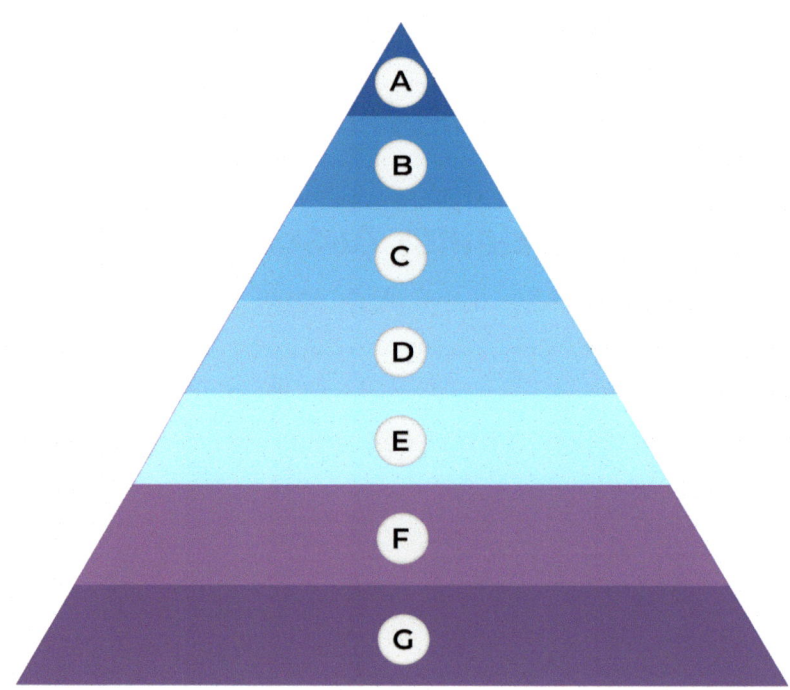

Vorwort

Die Idee zum Buch

Seit der Geburt ihrer Tochter Anfang 2013 hat Arabelle Kamler ihr Augenmerk auf die Ernährung von Kindern gerichtet. Sie stellte fest, dass Eltern oft zu wenig oder sogar falsche Informationen hatten, die sie an ihre Kinder weitergeben konnten.

Die Lebensmittelindustrie macht es uns auch nicht leichter – demnach hätten Kinder noch den Urinstinkt, wie eine ausgewogene Ernährung funktioniert. Inspiriert durch ihre Tochter und deren Freunde und Bekannte begann sie, Workshops zu den Themen in Schulen und auf privaten Treffen anzubieten und erhielt großen Zuspruch von den Kids, den Eltern und den Pädagogen, wie glücklich und dankbar sie waren, nun ein besseres Verständnis dafür zu haben und damit die Gesundheit und Freude ihrer Kids maßgeblich positiv zu beeinflussen.

Damit auch Kinder im Alter von 6-11 Jahren dieses Ernährungssachbuch für Kinder eigenständig lesen und verstehen können, ist der lehrreiche Inhalt in eine spannende, kindgerechte Story eingebunden. Da Arabelle selbst eine rund um die Uhr alleinerziehende Mutter ist, hat sie bewusst auf das klassische Familienbild verzichtet.

Ein kleiner Ausblick

Der Schwerpunkt dieses Buches liegt auf dem Thema Ernährung. In Kürze wird dieses Buch auch als E-Book in Deutsch sowie Englischer Sprache und in Form eines Hörbuchs verfügbar sein.

Des Weiteren wird im Moment an einem Buch mit dem Schwerpunkt Bewegung gearbeitet, das auf dem vorliegenden Buch aufbaut. Unter anderem wird dort Belles Lebenspyramide vorgestellt, die neben Ernährung und Bewegung auch die Atmung, Entspannung, die Darmgesundheit sowie den Genuss einbezieht.

Bella und ihr bester Freund Tommy feiern mit ihren Freunden eine fantastische Party. Sie haben einen Riesenspaß und alle sind gut gelaunt und munter.

Am Abend wälzt sich Bella stundenlang im Bett hin und her. Sie kann einfach nicht einschlafen. In dem Moment denkt sie an ihren Freund Tommy. Wie es ihm wohl geht?

Gleich am nächsten Morgen ruft sie
ihn an und fragt ihn, wie es ihm
geht. Tommy erzählt, dass er schlecht
geschlafen hat. Er hatte die ganze
Nacht lang tierisch Hunger, obwohl
er auf der Party doch eine Menge
gegessen hat, vor allem Süßigkeiten
und Knabbergebäck. Es geht ihm
nicht sehr gut. Wirklich schade, der
Tag war doch so lustig.

Als nächstes ruft sie ihre Freundin
Rosa an. Rosa erzählt ihr sofort
von ihren Zahnschmerzen. Sie ist
nach dem aufregenden Tag total
müde ins Bett gefallen, ohne sich die
Zähne zu putzen. Lange waren die
Zahnschmerzen weg, aber gestern
Nacht sind sie wiedergekommen.

Nun ist Bella etwas verwundert
und beschließt, noch zwei weitere
Freundinnen anzurufen. Valeria
erzählt, dass ihr auf dem Heimweg
im Auto richtig übel geworden ist.
Ani ging es gut. Sie hatte aber in der
Nacht ein bisschen mit Übelkeit zu
kämpfen.

Entschluss

Die nächsten Tage will ein Gedanke Bella nicht loslassen. Die Party war doch so lustig...

...wieso ging es ihnen danach schlecht? Gibt es hier wohl einen Zusammenhang?

Sie will der Sache auf den Grund gehen. Was kann man bloß tun, damit alle gut gelaunt und auch körperlich gesund sind?

Also fasst sie den Entschluss, die Situation wie einen Kriminalfall näher zu beleuchten. Sie fragt Tommy, ob er sich mit ihr gemeinsam als Lebensmitteldetektiv auf die Suche nach einer Lösung machen will. Tommy stimmt sofort zu und die beiden verabreden sich für das nächste Wochenende.

Gemeinsam überlegen sie, wie es zu den blöden „Nebenwirkungen" kommen konnte. Sie wollen wissen, wie man Bauchweh und Übelkeit in Zukunft vermeiden könnte. Sie möchte zur Ernährungsexpertin werden, damit sie ihr Wissen für ihre anstehende Geburtstagsparty und auch im Alltag nutzen kann.

Beim gemeinsamen Überlegen tauchen wichtige Fragen auf:

Warum braucht der Körper überhaupt Nahrung?

Wieso ist Brokkoli gesünder als Gummibärchen?

Weshalb macht Spaghetti-Eis nicht so satt wie Spaghetti Bolognese?

Tommy betont, wie wichtig ihm der Geschmack ist. Bella stimmt ihm zu, denn das Essen soll ja gut schmecken.

Aber was macht ein Lebensmittel überhaupt gesund?

In Kürze steht bereits die nächste Party an, denn Bella wird bald zehn Jahre alt. Wie können sie die Party so planen, dass es allen auch nach der Party gut geht?

Bella und Tommy finden leider keine zufriedenstellenden Antworten auf diese schwierigen Fragen. Um auf andere Gedanken zu kommen, möchte Bella übers Wochenende raus aus der Stadt zu ihr aufs Land fahren. Sie erzählt von einem wunderschönen Wald, in dem sie schon viele Tiere gesehen hat.

Tommy ist sofort begeistert und stimmt Bellas Plan zu. Dort angekommen begeben sie sich auf einen Spaziergang durch den Wald.

Auch Bellas süße Katzen Belle und Bailey sind dabei und folgen den Kindern auf Schritt und Tritt.

Sie genießen die frische Luft
und beobachten alles rund um
sie herum. Sie sehen Schmetterlinge,
Maikäfer und Vögel. Bella und Tommy lächeln
sich zufrieden an. Nach einiger Zeit erreichen
sie Bellas Lieblingsplatz. Sie streckt die Hand
zu einer prächtigen Hecke aus.

Sie greift nach einer
Blüte, die sie sich ins Haar
stecken möchte. Doch dabei gerät
sie ins Stolpern. Ehe sie sich wieder
fängt, findet sie sich gemeinsam mit
Tommy an einem anderen Ort wieder.
Es ist ein sehr magischer Ort.

Sie kommen aus dem Staunen nicht
mehr heraus und ihre Augen beginnen
richtig zu strahlen. Alles hier ist so
kunterbunt und schön. Alles leuchtet
in verschiedenen, prächtigen Farben.
Die Wiesen sind saftig grün und
einladend und es duftet wundervoll.
Viele Vögel in allen Größen und
Formen zwitschern fröhlich umher.
Die Brise des Windes fühlt sich
wie Seide auf der Haut an. Überall
erblicken sie glückliche Gesichter,
groß und klein. Die Stimmung ist
einzigartig.

Die Sonne strahlt und Tausende von
Blättern werfen tanzende Schatten.
Man kann das Rauschen der Blätter
genauso gut hören wie das Zwitschern
der Vögel. Bienen und Schmetterlinge
schweben von Blüte zu Blüte.
Überall häuft sich knackig frisches
Obst und Gemüse. Hier gibt es eine
unglaubliche Vielfalt! Bella und
Tommy vernehmen die wunderbaren
Düfte der Wildkräuter und Gewürze.

Tommy staunt. Bei diesem Anblick fehlen ihm die Worte. Es ist das Land der Reichhaltigkeit und des Genusses. Wohin man auch schaut, sieht man lachende, herzerwärmende Menschen und Tieren. Sie sehen allesamt unglaublich fit und gesund aus und strahlen Glückseligkeit aus.

Die Kinder erleben eine Überraschung
nach der anderen. Alle Bewohner
dieses magischen Ortes begegnen
ihnen so liebevoll und sanftmütig.
Sie kommen schnell mit einigen
der märchenhaften Lebewesen ins
Gespräch. Es wirkt fast so, als ob es
immer schon ihre besten Freunde
gewesen wären.

Durch die Gespräche lernen sie
schnell neue, überraschende
Fakten zum Thema Ernährung. Sie
erfahren, dass es keine „ungesunden"
Lebensmittel gibt. Man darf also alles
essen, sollte aber immer schauen,
dass der Körper alle wichtigen
Nährstoffe bekommt. Die richtige
Zusammensetzung der Lebensmittel
ist also wichtig, nicht die einzelnen
Lebensmittel.

Die Lebewesen erklären auch, dass
es immer auf die Menge ankommt,
die man davon isst. Man sollte am
besten Nahrungsmittel essen, die in
der Natur vorkommen und nur aus
wenigen Zutaten bestehen. Bella und
Tommy kommen aus dem Staunen gar
nicht mehr heraus.

Die Beiden erhalten viele interessante Antworten auf bisher ungeklärte Fragen. Wieso gibt es in der freien Natur zum Beispiel keine übergewichtigen Tiere? Sagt ihnen ihr Instinkt, was und wie viel sie fressen sollen? Haben sie ein Bauchgefühl dafür, wann sie sich wieder auf Futtersuche begeben müssen?

Der natürliche Lebensstil ihrer Freunde aus der Natur fasziniert die beiden Kinder. Sie überlegen, ob sie ebenfalls mehr auf ihr Bauchgefühl hören sollten. Ob sie öfter nachspüren sollten, ob sie Hunger haben oder schon satt sind.

Bella und Tommy lernen, dass es manchmal gar nicht so einfach ist, auf sein Bauchgefühl zu hören. Sie begreifen, dass der Körper zeigt, was er braucht und wie viel er braucht. Und dass das Bauchgefühl nach ganz vielen Süßigkeiten zeigt, dass sie ihm eigentlich gar nicht so guttun, wie gedacht. Vor lauter Aufregung und Fröhlichkeit ist das Bauchgefühl aber manchmal schwächer und man bemerkt es gar nicht. Sie wollen ihrem Bauchgefühl ab sofort mehr Aufmerksamkeit schenken.

Was wäre, wenn auch wir Menschen uns nach unserem Instinkt ernähren würden?

Die kleinen Abenteurer fragen sich,
was ist überhaupt ein Instinkt?

*Der Instinkt hilft Tieren, richtig zu
handeln. Denn Tiere können ihren
Verstand nicht so einsetzen wie wir
Menschen.*

Der Instinkt ist eine Art angeborenes
Wissen, das ihnen sagt, was sie tun
müssen, um zu überleben. Es ist
wie ein Programm, das sie von ihrer
Geburt an steuert. Sie müssen also
nicht erst lernen, wie sie sich zu
verhalten haben. Sie tun es instinktiv.

Denk zum Beispiel an die Vögel, die morgens fröhlich zwitschernd in den Baumwipfeln sitzen: Sie bauen dort im Frühjahr Nester, um ihre Eier darin zu legen und ihre Jungen aufzuziehen. Sie müssen nicht lernen, wie man ein Nest baut. Sie wissen einfach, wie es geht.

Menschen haben auch einige Instinkte. Dazu zählt zum Beispiel die Atmung, das Gefühl von Hunger oder das Niesen. Diese Instinkte bestimmen unser Verhalten aber nur teilweise. Wir lernen viele Dinge durch Beobachtung und Wiederholung. Wie wir uns verhalten, hängt also von zwei Dingen ab: nämlich von unserem *Instinkt* und unseren *Erfahrungen*.

Die beiden neugierigen Entdecker saugen all diese neuen Informationen auf. Sie können kaum fassen, wie viele interessante Dinge sie hier erfahren.

Sie lernen, dass Wasser trinken super wichtig ist! Kinder wie Bella und Tommy sollten mindestens 5 bis 6 Gläser Wasser am Tag trinken. So kann man auch Kopfweh verhindern. Ein Glas Wasser kann außerdem gegen Schwindel helfen.

Und der menschliche Körper braucht kein bestimmtes Lebensmittel. Denn er nimmt nur die Nährstoffe auf, die in der Nahrung enthalten sind.

Der Körper braucht also nicht die Zitrone selbst, sondern das in der Zitrone enthaltene Vitamin C. Auch Fett ist wichtig für den Körper. Das kann er zum Beispiel durch eine Avocado aufnehmen. Walnüsse und fetter Fisch können den Körper aber genauso gut mit Fett versorgen.

Nehmen wir drei Lebensmittel, die einen ähnlichen Fettgehalt haben. Ein Wiener Schnitzel ist zum Beispiel eine gute Proteinquelle, enthält aber auch ganz schön viel Fett, vor allem die ungesunden Fettsäuren. Aber dafür enthält es viel Vitamin B12 und Eisen. Das ist wichtig für unsere Nerven und unser Blut.

Naturjoghurt hingegen hat nur wenig Fett und Zucker. Das enthaltene Kalzium stärkt unsere Zähne und Knochen. Vitamin B12 ist darin auch zu finden. Außerdem sind gute Bakterien enthalten, die unseren Darm unterstützen.

Rahmspinat hingegen versorgt den Körper mit vielen wertvollen Vitaminen. Eisen und Kalzium sind auch enthalten.

Durch die Sahne ist der Rahmspinat etwas fettiger als naturbelassener Spinat.

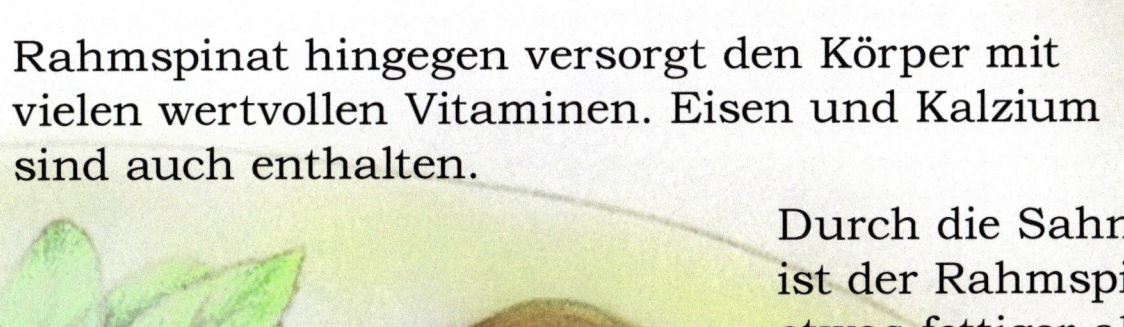

Trotzdem ist er sehr gesund!

Sie erfahren, dass nicht alle notwendigen Bestandteile der Ernährung abgedeckt sind, wenn man als Snack einen Schokokeks zusammen mit einem Apfel isst. Deshalb sollte man immer noch Eiweiß dazu essen. Eiweiß wird auch Protein genannt. Im Gegensatz zu einem Schokokeks enthält ein Apfel allerdings wertvolle Vitamine Mineralien und sogar Ballastoffe.

Aber auch einen süßen Keks kann man durchaus essen, vor allem wenn man dazu noch etwas eiweißreichen Joghurt und einen Apfel isst.

Doch eine Frage brennt Tommy schon lange auf der Seele. Er macht ja so gerne Sport und da verbrennt man ja Kalorien. Er fragt sich, ob man eine Tafel Schokolade wieder abtrainieren kann. Sie lernen, dass man die Kalorien tatsächlich durch ein ordentliches Training wieder verbrennen kann. Die Schokolade enthält zwar Kohlenhydrate, die dem Körper Energie geben. Es mangelt ihm dann aber an wichtigem Eiweiß, das ist in dem süßen Snack nämlich nicht enthalten. Dann meldet sich der Körper mit einem Hungergefühl, weil er nicht alle Bestandteile der Nahrung bekommen hat. In diesem Fall wäre dann die beste Wahl, ein Grillhähnchen zu verputzen, um das Bedürfnis nach Eiweiß zu stillen.☺

Das sind alles so großartige, spannende Neuigkeiten!

Das ist also der Grund, wieso er immer so schnell Hunger bekommt, wenn er Süßes isst...

Nochmal genauer erklärt. Die Sache ist so: Der Körper braucht verschiedene Nährstoffe, die man sich wie Puzzleteile vorstellen kann. Wenn der Körper nicht alle notwendigen Bestandteile der Ernährung bekommt, fehlt ihm ein Puzzleteil. Dadurch entsteht ein dringendes Hungergefühl. So bekommt man noch mehr Lust auf Süßes. Dann isst man noch mehr Süßes, obwohl der Körper eigentlich Eiweiß braucht.

Wenn man dann zu viel Zucker isst, der in ganz vielen Lebensmitteln enthalten ist, hat der Körper damit zu kämpfen, die Nährstoffe zu verarbeiten. Das kann dann zu Bauchschmerzen und Übelkeit führen. Zahnschmerzen können auch auftreten. Die Bakterien im Mund ernähren sich nämlich von Zucker. Diese Bakterien sind der Grund für Zahnschmerzen und Zahnprobleme.

Die beiden Abenteurer lernen auch, warum es so wichtig ist, dem Körper immer alle notwendigen Nährstoffe zu geben. Wenn der Körper genügend Nährstoffe verarbeiten kann, ist er dankbar und zufrieden.

Bella und Tommy haben gelernt, dass jede Mahlzeit alle wichtigen Bestandteile der Ernährung abdecken sollte. Damit unser Körper super funktioniert, sollten wir Lebensmittel in allen Farben des Regenbogens essen. In jedem Lebensmittel sind verschiedene wichtige Nährstoffe enthalten. So versorgen wir den Körper mit allen wichtigen Bestandteilen und er kann aus dem Vollen schöpfen. Das ist, was das Land der Reichhaltigkeit und des Genusses zu bieten hat.

„DAS IST ES!", schreit Bella aufgeregt.
„DAS IST DIE GEHEIME ESSENSFORMEL!!!"
Diese wahnsinnig tolle Erkenntnis wollen
Bella und Tommy direkt in die Tat umsetzen.
Sie möchten die nächste Geburtstagsfeier so
gestalten, dass sich alle Kinder auch nach der
Party rundum wohlfühlen. Wie toll so eine
ausgelassene Party auch ist, die Gesundheit
der kleinen Gäste ist dennoch sehr wichtig! Alle
sollten sich danach wohlfühlen und glücklich
sein.

Nun sind die beiden mit
neuen Informationen
ausgerüstet. Sie fühlen sich
jetzt stärker und cleverer als
je zuvor und grinsen beide
wie ein Honigkuchenpferd.

Pssst...Mehr Infos zu
den verschiedenen Nähr-
stoffen und Bitterstoffen
findest du ab Seite 83.

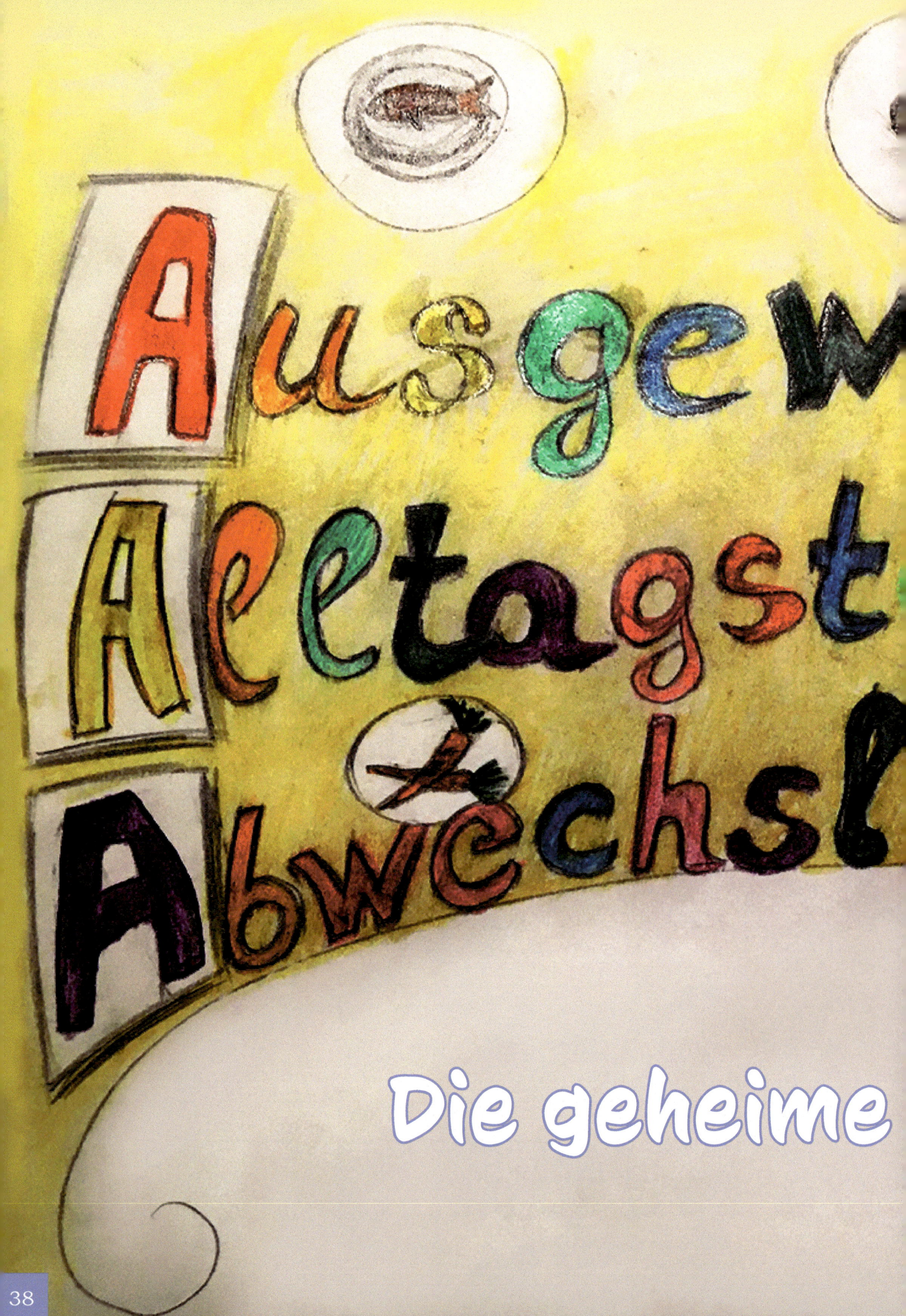

Ausgew...

Alltagst...

Abwechsl...

Die geheime

Essensformel

Die beiden Kids sind mittlerweile zu echten Experten in Sachen Lebensmitteln geworden. Nachdem sie ihre neuentdeckte, geheime Essensformel aufgeschrieben haben, machen sie sich an die Umsetzung. Die neuen Informationen helfen ihnen dabei, ausgewogene Mahlzeiten zuzubereiten. Somit können alle wichtigen Nährstoffe abgedeckt werden, damit es dem Körper an nichts fehlt und er zufrieden ist.

Voller Vorfreude und Stolz machen sich die Kinder auf den Heimweg. Auf dem Rückweg in die Stadt schreiben sie alles auf, was sie gelernt haben. Sie überlegen, wie sie das nun selbst anwenden können. Schließlich haben sie gerade die geniale Geheimformel für gesunde Ernährung entdeckt! Sie können es also kaum erwarten, ihren Freunden davon zu erzählen und das Gelernte in die Tat umzusetzen.

Sie beschließen, ein spannendes Experiment daraus zu machen und verabreden sich erneut. Am nächsten Samstag treffen sie sich wieder, diesmal bei Tommy zuhause. Dort sammeln sie alles Essbare, was sie in der Wohnung finden können.

Bella räumt den Kühlschrank und
den Tiefkühler leer. Tommy holt alle
Lebensmittel, Konserven und Dosen aus den
Vorratsschränken und Schubladen. Dann
breiten die Beiden ihre Ausbeute auf dem
großen Esstisch aus.

Und dann wird es erst richtig spannend! Bella und Tommy versuchen nun alle Lebensmittel nach Nährstoffgruppen zu sortieren. Als sie damit fertig sind, kommt Bella auf eine geniale Idee!

„Was hältst du davon, wenn wir eine Challenge daraus machen?"

„Eine was?"
fragt Tommy verdutzt.

„Wir schließen eine Wette ab!" entgegnet Bella. *„Ich werde ab morgen drei Tage lang zu jeder Mahlzeit ein anderes Lebensmittel essen. Zu jeder Mahlzeit ein Lebensmittel in einer anderen Farbe und aus einer anderen Kategorie."*

„Das verstehe ich nicht, was genau soll das bedeuten? Und wie soll das gehen?",
fragt Tommy erstaunt.

„Na ganz einfach!", sprüht es aus Bella nur so heraus. *„Zuerst suche ich mir neun verschiedene Farben aus. Dazu entscheide ich mich dann für die passenden Vitalstoffe. Die Kombination der Vitalstoffe und den ausgewählten Farben teile ich dann auf drei Tage und jeweils drei Mahlzeiten auf."*

„Wow, du bist ja wirklich ein Profi auf dem Gebiet geworden! Bella, unglaublich – und ja, das ist eine Spitzenidee! Das will ich auch machen!" schreit Tommy voller Begeisterung.

„Weißt du was? Versuch du es doch mit Eiweiß, dann wird es noch aufregender! Zu jeder Mahlzeit musst du dir dann ein anderes eiweißhaltiges Lebensmittel aussuchen."

Pssst....zur Erklärung für Dich: Vitalstoffe benötigt unser Körper nämlich, damit unsere Zellen, Organe und das Organsystem einwandfrei funktionieren. Dazu gehören Vitamine, Mineralstoffe, sekundäre Pflanzenstoffe, Fettsäuren und essenzielle Aminosäuren.

123 LOS

„Okay, cool! Ich versuche es und nehme die Herausforderung an! Ich starte auch gleich morgen. Ich werde drei Tage lang immer unterschiedliche Lebensmittel essen, die Eiweiß enthalten. Ohhh, ich freu mich schon! Ich bin so gespannt, ob ich das schaffe!

Auf die Plätze, Challenge, los!", ruft Tommy voller Vorfreude.

Die Kinder düsen los, um sich Stifte und Papier zu holen. Dann notieren sie ihre Ideen.

Drei Tage später treffen sich die Kinder wieder. Beide berichten stolz, dass sie die Challenge erfolgreich gemeistert haben. Bella freut sich sehr für ihren Freund. Er hatte ja zwischenzeitig Zweifel, ob er es schaffen würde.

„Erzähl Tommy, was hast du die letzten Tage gegessen?", fragt Bella interessiert.

„Es war schon eine Umstellung, das gebe ich zu! Ich musste etwas vorplanen, aber es hat mega Spaß gemacht und super funktioniert!", beginnt Tommy zu berichten.

„Am ersten Tag in der Früh habe ich mir eine Eierspeise zubereitet. Zum Mittag gab es dann einen griechischen Joghurt mit Honig. Abends habe ich eine ordentliche Portion Kichererbsen-Curry verputzt. Das hat sogar besser geschmeckt als gedacht", lacht Tommy.

„Am zweiten Tag habe ich mir dann zuerst ein Schinken-Sandwich gemacht. Mittags habe ich mir dann einen Topfenschmarrn gezaubert, den liebe ich nämlich so sehr. Abends gab es frischen Fisch, den esse ich in letzter Zeit immer öfter. Am letzten Tag habe ich eine Handvoll Mandeln in mein Frühstücksmüsli gegeben und mittags gab es dann Hühnerfleisch mit Reis. Abends habe ich mir Hüttenkäse mit einer kalten Aufschnittplatte schmecken lassen."

„WAHNSINN, WOW!" Bella ist sehr beeindruckt! Tommy hat das großartig umgesetzt. Nun beginnt sie von ihren Mahlzeiten zu erzählen.

„Montag früh aß ich zum Frühstück eine **rote Paprika** zu meinem Käsebrot. Mittags gab es dann einen **gelben Apfel** als Dessert. Zum Abendessen habe ich mir eine Lasagne aus **Melanzanie** gemacht. Die ist nämlich **lila**, auf die Idee musste ich erstmal kommen. Am Dienstag habe ich einen Aufstrich aus **Pastinaken** gefrühstückt. Das Wort Pastinake hatte ich vorher noch nie gehört. Schon interessant, was man alles kennenlernt, wenn man **beiges** Obst oder Gemüse sucht!", kichert Bella.

„Zu Mittag... Hmmm, lass mich überlegen. Ah genau, da aß ich meinen **Lieblingssalat**, der ist **grün**. Abends gab es dann **orangene Süßkartoffelpommes**. Für den dritten Tag musste ich einkaufen gehen, da unser Vorrat keine abwechslungsreichen Lebensmittel mehr hergab, die ich kombinieren konnte. Also schrieb ich eine ausgeklügelte Einkaufsliste."

Sie entschied sich am letzten Tag in der Früh, **Heidelbeeren** in ihr Müsli zu geben. Somit ist auch die Farbe **Blau** abgedeckt. Mittags kochte sie eine **Rote Rüben** Suppe. Trotz des Namens ist sie aber eher **pink** als rot. Abends hat sie dann ihre heiß geliebte **Blumenkohl**-Pizzette verdrückt. Somit kam auch die Farbe **Weiß** zum Einsatz.

Beide Kinder haben
die Challenge definitiv
grandios gemeistert.
Somit sind sie beide

SIEGER DER CHALLENGE!

Am nächsten Schultag erzählen die Lebensmitteldetektive ihren Freunden von ihrem Erlebnis.

Nora, Joleen, Lisa, Jonathan und Benjamin sind so beeindruckt, dass sie sich ebenfalls an der Herausforderung versuchen wollen.

„Wisst ihr, was wir alle gemeinsam machen könnten?", platzt es aus Bella heraus. Daraufhin sind alle Augen auf sie gerichtet. *„Wir könnten uns doch alle nach der Schule bei mir treffen und neue Rezepte erfinden. Belles Teller wird uns dabei helfen. Lasst uns versuchen, alle Lebensmittel zu verwenden, die wir bisher noch nicht kannten. Das wird ein Riesenspaß! Dann können wir schauen, in welche Kategorie sie hineinpassen. Ein paar der ausgedachten Gerichte können wir dann zu meinem 10. Geburtstag zubereiten. Der ist ja schon in 2 Wochen. Die anderen Gerichte können wir dann zu Hause nachkochen. Wenn wir diese Gerichte zubereiten, bleiben wir alle fit und gesund und der Körper ist glücklich."*

Alle rufen gleichzeitig begeistert *„Oh ja!"* und ihre fröhlichen Stimmen erfüllen den Raum.

Pssst.... Der Belles Teller ist ganz toll und wird Dir super helfen! Mehr Informationen dazu findest du auf Seite 85.

Gesagt, getan.

Rezeptliste

Frühstücks Taler

Vollwertige Frühstückshappen (Haferflockentaler mit Joghurt und Beeren)

ergibt 24 Taler (entspricht 6 Portionen)

Zutaten:

- 200 g Haferflocken (bei Bedarf glutenfrei)
- 180 g Wasser
- 1 EL Rosinen gehackt (optional)
- 100 g Apfelmus ungesüßt
- 75 g Haselnüsse gerieben
- 75 g Mandelblätter
- 1 TL Weinsteinbackpulver
- 2 Bio Eier
- ½ TL Zimt gemahlen

Zusätzlich:

- 100 g Natur Joghurt und Beeren (nach Saison)

Zubereitung:

Die Haferflocken in einem Topf mit kochendem Wasser übergießen und umrühren. Die gehackten Rosinen und das Apfelmus untermischen. Anschließend Haselnüsse, Mandeln, Weinsteinback-pulver, Ei und Zimt in den Topf hinzugeben. Auf ein mit Backpapier ausgelegtes Backblech je einen Löffel der Haferflocken-Masse geben und diese etwas flach drücken. Anschließend kommen die Haferflockentaler für 13-15 Minuten bei 180°C in den Backofen. Die abgekühlten Haferflockentaler vor dem Verzehr mit einem Klecks Joghurt und frischen Beeren verfeinern.

Nährwerte:

1 Portion (4 Taler) = 19 g Fett, 27 g KH, 6 g BS, 14 g EW

Elterntipp:

Diese Taler eignen sich auch hervorragend zum Einfrieren. Am besten schmecken sie jedoch frisch aus dem Ofen. Mit dem Joghurt, alternativ eignet sich auch Quark (Topfen), sowie den Beeren ist ein vitaler Start in den Tag garantiert! Je nach Saison kann man die Beeren durch verschiedene andere Früchte ersetzen.

Besonderheit:

Haferflocken werden aus dem vollen Korn des Hafers gewonnen. Dadurch bleibt die wertvolle äußere Randschicht erhalten. Darin befinden sich nämlich besonders viele Mikronährstoffe und Ballaststoffe. Die Ballaststoffe sind für ein langanhaltendes Sättigungsgefühl sowie für unsere Verdauung von Vorteil.

Hausgemachtes Eiweißbrot und Glücks-Aufstrich

ergibt 1 Kastenbrot (10 Scheiben) und 10 Portionen Aufstrich

Zutaten:

- Eiweißbrot:
- 150 g Magertopfen
- 4 Bio Eier
- 1 EL Kokosmehl
- 50 g geschrotete Leinsamen
- 50 g gemahlene Mandeln
- ½ Pkg. Weinsteinbackpulver
- 1 TL Salz
- 2 EL Sonnenblumenkerne
- 2 EL Kürbiskerne

- Aufstrich:
- 500 g Brokkoli
- 50 g Pinienkerne (optional)
- 1 TL Leinöl
- 2 TL Tahini
- 1 TL Senf
- 1 TL Zitronensaft
- 150 g Frischkäse
- ½ TL Salz
- Cocktailtomaten

Zubereitung:

Alle Zutaten für das Brot nach und nach vermischen. Die Masse ordentlich vermengen, sodass sich keine Klümpchen bilden. Die Teigmasse in eine eingefettete Form geben und für etwa 45 Minuten bei 150 Grad (Umluft) backen. Das Eiweißbrot anschließend aus der Form nehmen und auf einem Rost abkühlen lassen.

Für den Aufstrich den gesamten Brokkoli samt Strunk in Stücke schneiden, in gesalzenem Kochwasser blanchieren und abseihen. Die Pinienkerne kurz anrösten, ein paar davon für die spätere Dekoration zur Seite legen. Den gekochten Brokkoli, die gerösteten Pinienkerne und alle restlichen Zutaten für den Aufstrich in einen Mixer geben. Mit der restlichen Deko ein lustiges Gesicht formen.

Nährwerte:

1 Scheibe Brot = 9 g Fett, 2 g KH, 3 g BS, 8 g EW
1 Portion Aufstrich = 7 g Fett, 3 g KH, 2 g BS, 4 g EW
2 Brote mit Aufstrich = 32 g Fett, 10 g KH, 10 g BS, 24 g EW

Elterntipp:

Häufig landet der Strunk des Brokkoli unnötig im Müll. Dieser kann für verschiedene Rezepte verwendet werden, wie zum Beispiel für diesen Aufstrich. Alternativ kann man ihn bei jeder Gemüsesuppe mitkochen, einen Suppengrundstock verfeinern oder klein geschnitten in der Füllung einer Quiche unterbringen.

Besonderheit:

Brokkoli hat viele gesunde Inhaltsstoffe. Eine Gruppe davon sind die sogenannten Flavonoide. Zu dieser Gruppe gehört auch Kampferöl, welches in Brokkoli enthalten ist. Es wirkt besonders entzündlichen Prozessen im Körper entgegen.

Pancakes

für schlaue Forscher

für 2 Portionen

Zutaten:

- 150 g Reisflocken (alternativ Haferflocken, Buchweizen)
- 150 g Frischkäse
- 2 Bio Eier
- 1 geriebener Apfel
- ½ TL Kardamon
- 1 TL Butter

Zubereitung:

Die Reisflocken in einem Mixer zu Reismehl verarbeiten. Frischkäse, Eier, den Apfel und Kardamom zum Hafermehl in den Mixer
geben und zu einem glatten Teig verrühren. Kurz ziehen lassen.
Die Butter in einer beschichteten Pfanne schmelzen lassen. Aus
der Teigmasse mit Hilfe eines Löffels Häppchen formen und diese
anschließend in die heiße Pfanne legen. Mit der Rückseite des
Pfannenwenders leicht andrücken. Von beiden Seiten goldbraun
backen.

Nährwerte:

1 Portion = 14 g Fett, 73 g KH, 4 g BS, 20 g EW

Elterntipp:

Kein Mehl zu Hause und das Kind wünscht sich Palatschinken oder Pancakes? Bei euch zu Hause wird auf Gluten verzichtet? Dann eignet sich dieses Rezept ideal. Mit Eiern, einem schnittfesten Milchprodukt (Frischkäse, Quark/ Topfen, Mascarpone) und Obst nach Wahl (geriebener Apfel, zerquetschte Mango, Banane) können diese köstlichen Pancakes in wenigen Schritten schnell und einfach zubereitet werden.

Besonderheit:

Das Rezept für diese Pancakes kommt ohne Mehl aus und ist somit auch für Personen mit Zöliakie oder einer Weizenallergie geeignet. Durch den Apfel bekommt das Gericht eine angenehme Süße.

Pink Panther im Topf

Rote Rüben Suppe

für 4 Portionen

Zutaten:

- 400 g Rote Rüben
- 200 g Süßkartoffel
- 200 g Lauch
- 750 ml Gemüsebrühe
- Salz und Pfeffer
- Koriander
- 100 - 200 ml vegane Sahne

Einlage:

Mandel-Käse-Makronen

- 3 Eiweiß
- 100 g geriebene Mandeln
- 100 g geriebener Hartkäse
- Paprikapulver

Zubereitung:

Die Roten Rüben und Kartoffeln schälen und in Würfel schneiden. Den Lauch in Scheiben schneiden. Die Roten Rüben mit dem restlichen geschnittenen Gemüse in der Gemüsebrühe für etwa 30 – 40 Minuten weichkochen. Anschließend mixen (Vorsicht vor Verbrühungen). Mit Salz, Pfeffer und Sojamilch verfeinern und auf die gewünschte Dickflüssigkeit bringen.

Für die Suppeneinlage das Eiweiß steif schlagen. Die restlichen Zutaten vermengen und den Eischnee unterheben. Mit 2 angefeuchteten Teelöffeln kleine Nocken formen und auf einem mit Backpapier ausgelegten Backblech platzieren. Für etwa 15 Minuten bei 180°C Umluft goldgelb backen.

Die Suppe mit den Mandel-Käse-Makronen und frischem Koriander servieren.

Nährwerte:

1 Portion = 22 g Fett, 30 g KH, 6 g BS, 22 g EW

Elterntipp:

Mit Roten Rüben lassen sich viele Sachen färben, wie etwa weiße Eier an Ostern. Es kann auch mit den Kindern gemeinsam als „Lippenstift" verwendet werden. Solche kleinen und einfachen Spiele bringen den Kindern Lebensmittel näher und können einen leichteren Umgang damit fördern. Essen darf und soll Spaß machen und sollte kein Zwang sein.

Besonderheit:

In Roten Rüben stecken so einige gute Nährstoffe. Unter anderem sind darin Eisen für die Blutbildung, Antioxidantien zur Unterstützung unserer Zellen und Folsäure für das Zellwachstum enthalten.

Kräuterrollen-Gemälde

ergibt 1 Rolle (8 Scheiben, entspricht 4 Portionen)

Zutaten:

- 1 - 2 Bund Petersilie, Kerbel (frisch)
- 7 Eier
- 80 g Crème fraîche
- 150 g Dinkelmehl Typ 630
- 1 TL Weinsteinbackpulver

- 300 g Frischkäse natur light
- 2 EL Olivenöl
- Salz, Pfeffer, Muskatnuss
- 250 g grüner Spargel
- 250 g frischer Spinat

Zubereitung:

Als Vorbereitung wird ein Backblech mit Backpapier ausgelegt und mit Rapsöl bestrichen. Auf dem Backpapier werden einige Kräuterstiele verteilt, um ein Muster zu erzeugen (siehe Foto). Den Backofen auf 180°C Ober- und Unterhitze vorheizen.

Für den Biskuitteig die Eier trennen und das Eiweiß steif schlagen. Das Eigelb mit der Crème fraîche schaumig rühren. Mehl und Backpulver einrühren und das Eiweiß unterheben. Die fertige Masse auf das vorbereitete Backpapier gießen. Für 8 – 10 Minuten im Ofen backen. Für die Füllung den Spargel in Stücke schneiden, 5 Minuten in Salzwasser kochen und anschließend abseihen. Die restlichen Kräuter sowie den Spinat zerkleinern und mit dem Frischkäse und dem gekochten Spargel vermischen. Die Füllung mit Olivenöl, Salz, Pfeffer und Muskatnuss verfeinern. Den Teig nach Ende der Backzeit auf ein sauberes Küchentuch stürzen. Das Backpapier im Anschluss abziehen und den Teig nochmals auf ein separates Küchentuch stürzen. Am Ende sollte die mit Kräutern verzierte Seite auf der Unterseite sein. Den Teig mit dem Tuch einrollen und auskühlen lassen. Die kalte Rolle zum Schluss mit der Frischkäse-Füllung bestreichen und erneut einrollen.

Nährwerte:

1 Portion = 24 g Fett, 32 g KH, 4 g BS, 28 g EW

Elterntipp:

Durch frische oder getrocknete Kräuter lässt sich viel Abwechslung in die Küche bringen. Zudem kann man durch die Zugabe von Kräutern häufig einiges an Salz einsparen und nimmt zudem noch gesundheitsfördernde Inhaltsstoffe auf. Der Kreativität sind hier keine Grenzen gesetzt.

Besonderheit:

Durch Bitterstoffe wirken viele Kräuter, wie zum Beispiel Koriander, auf natürliche Weise als gesunde Appetitanreger. Zudem besitzen sie antibakterielle Inhaltsstoffe und Antioxidantien, welche im Körper entzündungshemmend wirken und uns vor freien Radikalen schützen.

Paprikaschiffchen auf Fahrt im roten Meer

für 3 Portionen

Zutaten:

- 3 Paprika
- 100 g Quinoa und
- 100 g rote Linsen
- 2 EL Sauerrahm
- 200 g Frischkäse
- 1 rote Zwiebel
- Etwas Feta oder Speckwürfel
- Frische Kräuter

Zubereitung:

Die Paprika längs halbieren und auf ein mit Backpapier ausgelegtes Backblech oder in eine Auflaufform geben. Etwas Öl und Salz darüber verteilen. Quinoa und Linsen waschen und nach Packungsanleitung für ca. 20 Minuten in etwa der doppelten Menge gesalzenem Wasser kochen. Die Zwiebel klein hacken, mit Frischkäse und Sauerrahm verrühren. Die Masse auf der Innenseite der Paprika verteilen und mit der gekochten Quinoa befüllen. Etwas Feta oder Speckwürfel darüber streuen und für 30 Minuten bei 180°C Umluft in den Ofen geben. Nach dem Backen mit frischen zerkleinerten Kräutern garnieren.

Nährwerte:

1 Portion = 19 g Fett, 53 g KH, 12 g BS, 20 g EW

Elterntipp:

Linsen sind eine gute Möglichkeit, pflanzliches Eiweiß und Ballaststoffe in unsere Ernährung einzubauen. Es müssen nicht immer reine Linsengerichte sein. Man kann die Linsen häufig auch mit anderem Getreide wie etwa Reis oder Quinoa im Verhältnis 1:1 mischen und gemeinsam kochen.

Besonderheit:

Gefülltes Gemüse muss nicht immer nur mit Hackfleisch zubereitet werden. Das glutenfreie Pseudo-Getreide Quinoa in Kombination mit den Linsen und noch etwas Käse oder Speck darüber liefert uns die notwendige Menge an Eiweiß. Somit kann man gesättigte Fettsäuren, die im Fleisch enthalten sind, vermeiden. Der übermäßige Verzehr von Fleisch kann zu einem ungünstigen Verhältnis der Blutfettwerte führen und somit unserem Gefäßsystem schaden.

Zucchini-Pommes-Spaß

für 4 Portionen

Zutaten:

- 2 Zucchini
- 2 EL getrocknete Kräuter
- 1/2 TL Paprikapulver
- 1/2 Tasse Maisgrieß fein
- Rapsöl
- 1/2 Tasse Hafer-Drink
- 1 Tasse Buchweizenmehl
- Salz

Zusätzlich:

- 250 g Naturjoghurt
- 250 g Sauerrahm
- 1 Bund Schnittlauch
- Zucker
- Salz

Zubereitung:

Die Zucchini in ca. 1 cm dicke und max. 10 cm lange Stücke schneiden. Für die Panade Maisgrieß, Kräuter, Salz, Pfeffer und Paprikapulver vermengen. Hafer-Drink und Buchweizenmehl jeweils in einen separaten tiefen Teller geben. Zucchini-Sticks zuerst im Buchweizenmehl, dann im Hafer-Drink und anschließend in der Panade wälzen. Die panierten Sticks auf ein Blech mit etwas Rapsöl geben und für 20 - 25 Minuten im Ofen backen.

Ein Schnittlauch-Dip passt hervorragend zu den Zucchini-Sticks. Dazu Skyr mit Sauerrahm und dem kleingeschnittenen Schnittlauch vermischen. Mit Zucker und Salz abschmecken.

Nährwerte:

1 Portion = 17 g Fett, 56 g KH, 5 g BS, 17 g EW

Elterntipp:

Die Zucchini-Pommes selbst verfügen über keine nennenswerte Eiweißquelle. Aus diesem Grund sollte dazu noch eine eiweißreiche Beilage oder Nachspeise gereicht werden, wie etwa der Schnittlauch-Dip. Sollte Ihr Kind doch lieber den klassischen Ketchup bevorzugen, bieten Sie als Alternative eine Nachspeise mit Magerquark und Obst an.

Besonderheit:

Pommes sind für gewöhnlich alles andere als gesund, da sie aufgrund der Zubereitung in der Fritteuse einen hohen Fettanteil aufweisen. Mit Hilfe dieses Rezepts können Sie Ihrem Kind mehr Gemüse zuführen. Außerdem können Sie die klassischen Pommes mit Produkten variieren, die normalerweise nicht auf dem täglichen Speiseplan stehen. Durch die Zubereitung im Ofen kann im Gegensatz zur Zubereitung in der Fritteuse der Fettgehalt eingedämmt werden.

Blumenkohl-Pizzette

ergibt 4 Pizzetten

Zutaten:

- 500 g Blumenkohl
- 220 g Kichererbsen
- 2 Bio Eier
- 100 g geriebener Emmentaler
- 1 EL Olivenöl
- 1 Dose gehackte Tomaten
- 1 Zwiebel
- 2 EL Tomatenmark
- 50 g Rucola
- 2 Kugeln Mozzarella
- Salz
- Pfeffer
- frisches Basilikum

Zubereitung:

Zunächst wird der Blumenkohl geputzt und mit einer Küchenmaschine fein gehackt. Um dem Blumenkohl die Flüssigkeit zu entziehen, diesen auf einem Backblech verteilen und etwa 10 Minuten bei 200°C Umluft garen lassen, anschließend abkühlen lassen. In der Zwischenzeit die Zwiebel in Würfel schneiden und mit Öl und Tomatenmark kurz anbraten. Die Dosentomaten hinzufügen, alles gut umrühren und 10 Minuten köcheln lassen. Mit Salz, Pfeffer und frischem Basilikum würzen. Die Kichererbsen abspülen und in der Küchenmaschine zerkleinern. Den abgekühlten Blumenkohl mit einem Küchentuch ausdrücken, um so viel wie möglich von der Flüssigkeit rauszubekommen. Anschließend wird der Blumenkohl mit den zerkleinerten Kichererbsen, Käse, Eiern, Salz und Pfeffer vermischt. Die Masse auf einem mit Backpapier ausgelegten Backblech verteilen und zu kleinen Pizzen formen. Bei 200°C Umluft für 10-15 Minuten backen, bis der Boden goldbraun ist. Die Pizza nach Ablauf der Zeit aus dem Ofen nehmen, mit Tomatensauce bestreichen und Mozzarella darauf verteilen. Nochmals für 10 Minuten in den Ofen geben. Vor dem Servieren noch mit frischem Rucola belegen.

Nährwerte:

1 Pizzette = 27 g Fett, 19 g KH, 9 g BS, 30 g EW

Elterntipp:

Die Pizza kann nach Belieben mit schmackhaften Zutaten belegt werden. Hier können auch kleine Kinder bei der Zubereitung ideal miteinbezogen werden.

Besonderheit:

Blumenkohl ist reich an Vitamin C, welches den Körper beim Aufbau der Knochensubstanz unterstützt. Besonders bei Kindern ist eine ausreichende Zufuhr für das Wachstum von Bedeutung. Vitamin C unterstützt zusätzlich auch das Immunsystem.

Spaghetti für Lebensmitteldetektive

für 5 Portionen

Zutaten:

- 1 Zwiebel
- 2 Karotten
- 1 Stangensellerie
- 1 - 2 Knoblauchzehen
- 1 EL Oliven- oder Rapsöl
- 2 EL Tomatenmark
- Oregano
- Rosmarin

- Salz
- Pfeffer
- 1 Dose Linsen (400g)
- 2 Dosen gewürfelte Tomaten
- 1 Gemüsesuppenwürfel
- 1 TL Zitronensaft
- 400 - 600 g Vollkornspaghetti

Zubereitung:

Zwiebel, Karotten und Sellerie in kleine Stücke schneiden und mit etwas Olivenöl in der Pfanne kurz anbraten. Knoblauch pressen und hinzufügen. Außerdem etwas Tomatenmark unterrühren. Dann mit Salz, Pfeffer, Oregano und Rosmarin würzen. Linsen entwässern und in der Pfanne unterrühren. Die Suppenwürfel in einer Tasse mit heißem Wasser auflösen und dann in die Pfanne gießen. Anschließend die gewürfelten Tomaten hinzufügen. Die Soße nun etwas köcheln lassen. Nudeln nach Packungsanleitung kochen und die Soße darübergeben.

Nährwerte:

1 Portion = 8 g Fett, 84 g KH, 12 g BS, 20 g EW

Elterntipp:

Es gibt kaum Kinder, die Spaghetti Bolognese nicht mögen. Warum also nicht das Fleisch ab und zu mit Linsen austauschen? Dies ist eine ideale Methode, um mehr Abwechslung in die Ernährung zu bringen und dem Kind zudem Hülsenfrüchte anzubieten.

Besonderheit:

Linsen sind Hülsenfrüchte und somit eine ideale pflanzliche Eiweißquelle. Durch ihren hohen Ballaststoffgehalt wirken sie sich positiv auf unsere Verdauung aus und halten uns lange satt. Außerdem haben sie einen hohen Eisengehalt. Eisen unterstützt die Bildung von Blutbestandteilen und ist für Muskel- und Leberfunktionen notwendig. In Kombination mit Vitamin C wird es besonders gut aufgenommen. Aus diesem Grund fügen wir der Linsensauce am Ende auch einen Schuss Zitronensaft hinzu.

Eisgekühlte Regenbogen Bonbons

für 2 Portionen

Zutaten:

- 200 g gefrorene Früchte

  - Rot: Himbeere und/oder Erdbeere, Kirsche etc.
  - Orange: Marille und/oder Papaya
  - Gelb: Mango und/oder Ananas
  - Grün: Kiwi und etwas passierter Spinat
  - Blau: Blaubeeren und/oder Brombeeren
  - Violett: Pflaume und/oder Brombeere

- 1 reife gefrorene Banane in Stücken
- 100 g veganer Kokos-Naturjoghurt

Zubereitung:

Das gewünschte gefrorene Obst in den Mixer geben, die Banane und den Joghurt dazugeben und alles ca. 30 Sekunden in einem Mixer pürieren. Das Eis sollte am Ende eine cremige Konsistenz haben.

Entweder sofort vernaschen oder in einen Behälter für Eiswürfel füllen und nochmals für etwa zwei Stunden einfrieren. Wenn man Zahnstocher oder Holzbesteck in das Eis steckt, kann es am „Stil" geschleckt werden.

Nährwerte:

1 Portion = 4 g Fett, 24 g KH, 4 g BS, 3 g EW

Elterntipp:

Braune und überreife Bananen können ideal als Zuckerersatz in Rezepten dienen. Somit vermeidet man raffinierten Zucker und wirkt der Lebensmittelverschwendung entgegen. Alternativ können reife Bananen wie folgt verwendet werden: mit Naturjoghurt vermengen, mit etwas Milch mixen oder in einem Grießbrei einkochen; Haferflocken mit einer zerdrückten Banane vermengen und Kekse daraus backen...

Besonderheit:

Das Rezept kommt ohne raffinierten Zucker aus und verwendet ausschließlich den natürlichen Fruchtzucker des Obstes. Durch die vielfältige Variation der Obstsorten kann man ein weites Spektrum an sekundären Pflanzenstoffen zu sich nehmen. Diese sekundären Pflanzenstoffe sind unter anderem für die Farben des Obstes zuständig und wirken in unserem Körper entzündungshemmend und antibakteriell.

Energie Belle-chen zum selbst gestalten

ergibt 10 Bällchen

Zutaten:

- 75 g Nüsse (Mandeln, Haselnüsse, Walnüsse, Pekannüsse)
- 75 g Haferflocken oder Hirseflocken
- 75 g Trockenobst (Datteln, Feigen, Aprikosen, Rosinen, Cranberries)
- 1 - 2 EL Nuss Mus (Mandeln, Cashews, Haselnüssen, Erdnussbutter)
- 1 - 2 EL Frischen Orangensaft oder Zitronensaft
- 1 EL Kakaopulver

zum Würzen:

- Vanille, Zimt, Kümmel, Ingwer, Safran, Muskat, Kardamom

Deko:

- gemahlene Nüsse, Kokosraspeln, Sesamsamen, Gewürzblüten

Zubereitung:

Alle Zutaten je nach Lust und Laune und dem, was der Küchenschrank so hergibt, in einen Mixer geben und zerkleinern, bis es eine einigermaßen homogene Masse wird. Anschließend mit der Hand Kugeln formen. Die Kugeln noch in etwas Deko wälzen, dann in den Kühlschrank stellen. Dort können sie bis zu einer Woche in einem Behälter gelagert werden.

Nährwerte:

1 Bällchen = 16 g Fett, 7 g KH, 5 g BS, 7 g EW

Elterntipp:

Diese Bällchen sind eine ideale Ergänzung zu einem gesunden Pausenbrot in der Schule und eignen sich auch als Nachmittagssnack. Die süßen Bällchen sind zudem eine großartige Geschenkidee und ein tolles Mitbringsel!

Besonderheit:

Nüsse sind eine ideale Quelle für Eiweiß und gesunde Fette. Durch die Kombination verschiedener Nüsse nimmt man ein weites Spektrum verschiedener Fettsäuren auf. Dazu zählen Omega-3- und Omega-6-Fettsäuren. Diese haben einen positiven Einfluss auf die Herzgesundheit und wirken entzündungshemmend. Diese Energiebällchen sind zudem zuckerfrei, vegan, glutenfrei und voller wertvoller Nährstoffe.

über die Autorin

Arabelle Kamler beschäftigt sich bereits seit ihrer Jugend mit den Themen Gesundheit und Wohlbefinden. Arabelle ist Ernährungs-, Fitness-, und Mental-Coach und absolvierte darüber hinaus die Zusatzausbildung zur Kinder-Fitness-Trainerin und zur Darmgesundheitsberaterin. Fernsehsender und andere Medien greifen seit Jahren auf ihre Expertise zurück. Als lebhafte und authentische Rednerin spricht Arabelle in anschaulichen Vorträgen das aus, was sie lebt und begeistert.

Die Unternehmerin mit internationaler Ausbildung blickt auf 25 Jahre Berufserfahrung zurück. Sie ist die Gründerin und Geschäftsführung der Firma Belle – Group, welche mehrere Geschäftszweige miteinander verbindet. Die Fitness Belle, die Gastro Belle und die Mama Belle, die die Grundlage für dieses Kinderbuch waren. Es folgten schließlich die Beauty Belle, die Gastro Belle balance und die Belle Academy mit unserer E-Learning-Plattform für die Betriebliche Gesundheitsförderung mit dem Belle-proved Siegel. Das neueste Projekt ist der Belle Podcast.

Seit 2009 hält sie diverse Vorträge und gibt Workshops, welche die scheinbaren Gegensätze von Genuss und Gesundheit miteinander verbinden. Sie organisiert effiziente und unkomplizierte In-House Fitness-Trainings für Firmen im Rahmen der Betrieblichen Gesundheitsförderung und bietet Premium-Private-Trainings für Top-ManagerInnen und UnternehmerInnen an. Ihre TeilnehmerInnen versorgt sie mit praxisnahen Tipps und Tricks. Gemeinsam mit ihrem Team unterstützt sie ihre Klienten dabei, ihre Gesundheits- und Leistungsbilanz nachhaltig und effektiv zu verbessern. Im 4. Bezirk in Wien betreibt sie ein Personal-Trainer-Studio mit dem Schwerpunkt Pilates Reformer.

Illustrationen

Die Bilder wurden von Arabelles Tochter Belinda –
mit Hilfe von Künstlerin Zoe Gavrielova – über viele
Stunden liebevoll erstellt. Belinda ist 10 Jahre alt
und sehr kunstbegeistert.

DANKE!

Durch ihre jahrelange Zusammenarbeit mit Harry Leszkovich – hauptsächlich im Bereich der Betrieblichen Gesundheitsförderung – sind die Grundlagen dieses Buches an das von ihm entwickelte Konzept „FETT:KAMPF" angelehnt, welches in eigener Form als Kids-Challenge auf der digitalen Belle Academy Plattform zu finden ist.

www.belle-academy.at
www.belle-academy.de

NACHTRAG für neugierige Entdecker

Bitterstoffe

Wie der Name schon sagt, ist der Geschmack von <u>Bitterstoffen</u> sehr bitter, was vielen Menschen und vor allem Kindern nicht so gut schmeckt. Bitterstoffe sind aber <u>sehr wichtig für unseren Körper</u>! Sie helfen uns auf viele verschiedene Arten. Zunächst einmal sind Bitterstoffe gut für unsere <u>Knochen</u> und <u>Zähne</u>. Sie unterstützen nämlich die Zahngesundheit und helfen uns, gesunde und stabile Knochen zu entwickeln. Bitterstoffe sind auch wichtig für das Wachstum und die geistige Entwicklung. Sie helfen uns dabei, groß und clever zu werden.

Bitterstoffe helfen auch unserem Magen und Darm. Wenn wir bittere Lebensmittel essen, regt das unsere Verdauung an und unser Körper produziert mehr Magensäure und Verdauungsenzyme. Das bedeutet, dass unser Körper die Nährstoffe aus unserer Nahrung besser aufnehmen kann. Außerdem fühlen wir uns schneller satt, wenn wir bittere Lebensmittel essen. Das kann uns helfen, nicht zu viel zu essen und unser Gewicht unter Kontrolle zu halten.

Wie du siehst, sind Bitterstoffe richtig wichtig für unseren Körper! Greif also unbedingt auch mal zu einer Grapefruit, Brokkoli, Grünkohl, Radicchio, Oliven oder einer Artischocke. Sie sind nicht nur <u>gesund</u>, sondern können auch lecker schmecken, wenn man sich daran gewöhnt. Und wie wir schon gelernt haben, tut es unserem Körper gut. Wenn wir uns auf unser <u>Bauchgefühl verlassen</u>, spüren wir auch, dass es richtig guttut. Versuch es ruhig mal!

Makro- und Mikronährstoffe

Die in Lebensmitteln enthaltenen Nährstoffe sind in Makro- und Mikronährstoffe eingeteilt. Makronährstoffe sind Nährstoffe, die dein Körper in großen Mengen braucht, um gesund und stark zu bleiben. Einer dieser Makronährstoffe sind Kohlenhydrate. Du findest sie in Lebensmitteln wie Brot, Nudeln, Obst und Gemüse. Zucker ist auch ein Kohlenhydrat und es gibt verschiedene Arten von Zucker, wie Traubenzucker, Fruchtzucker und Milchzucker. Kohlenhydrate sind der Hauptlieferant für Energie in deinem Körper. Dein Körper nutzt sie als Treibstoff für Muskeln und dein Gehirn.

Ein weiterer Makronährstoff ist Protein, das wird auch Eiweiß genannt. Proteine helfen beim Muskelwachstum und -erhalt und liefern auch Energie für deinen Körper. Fleisch, Fisch, Eier, Milchprodukte, Hülsenfrüchte, Getreide und Nüsse sind super Proteinquellen. Fett ist auch ein Makronährstoff. Es ist ein weiterer Energielieferant für deinen Körper. Es gibt verschiedene Arten von Fetten, wie gesättigte Fettsäuren, einfach ungesättigte Fettsäuren und mehrfach ungesättigte Fettsäuren. Omega-3- und Omega-6-Fettsäuren sind lebensnotwendig und müssen über die Nahrung aufgenommen werden. Der Körper kann sie nämlich nicht selbst herstellen, so wie Omega-9-Fettsäuren. Pflanzenöle, Nüsse, fetter Fisch wie Lachs und Avocado sind tolle Fettquellen. Bei Sahne, Käse, frittierten Lebensmitteln und fetter Wurst sollte man etwas aufpassen, da sie einen hohen Fettanteil haben und höhere ungesunde Fettsäuren enthalten.

Neben Makronährstoffen gibt es auch Mikronährstoffe. Mikronährstoffe sind Nährstoffe, die dein Körper in kleinen Mengen braucht, aber sie sind trotzdem sehr wichtig für deine Gesundheit. Vitamine sind ein Beispiel für Mikronährstoffe. Sie helfen dabei, dass dein Körper Nährstoffe besser verarbeiten kann, und unterstützen die Umwandlung der Nahrung in Energie. Mineralstoffe sind auch Mikronährstoffe. Sie sind wichtig für viele Körperfunktionen und können helfen, Krankheiten abzuwehren. Wenn dein Körper nicht genug Mineralstoffe bekommt, kann das zu verschiedenen Symptomen führen. Das waren die wichtigsten Beispiele für Makronährstoffe und Mikronährstoffe. Ernährung kann richtig interessant sein, oder was meinst du?

Achte darauf, dass du eine ausgewogene Ernährung hast, damit dein Körper alles bekommt, was er braucht, um gesund zu bleiben! Dann sind auch Schokokekse oder ein paar Gummibärchen zwischendurch kein Problem!

NOCH EINE CHALLENGE FÜR DICH!!

Wenn du jetzt Lust auf eine kleine Herausforderung hast, schnapp dir doch mal alle möglichen verpackten Lebensmittel und Konservendosen. Wirf einen Blick auf die Nährwertangaben und versuche an diesem Tag nur Lebensmittel zu essen, die keinen Haushalts Zucker enthalten. Bist du bereit für diese Tages-Challenge!

Dann leg gleich los! Das schaffst Du sicher!!

Damit ihr die geheime Essensformel einfach im täglichen Leben integrieren könnt, haben wir *Belles Teller* kreiert. Daran könnt ihr euch jeden Tag orientieren, wenn ihr eure Mahlzeiten zusammenstellt.

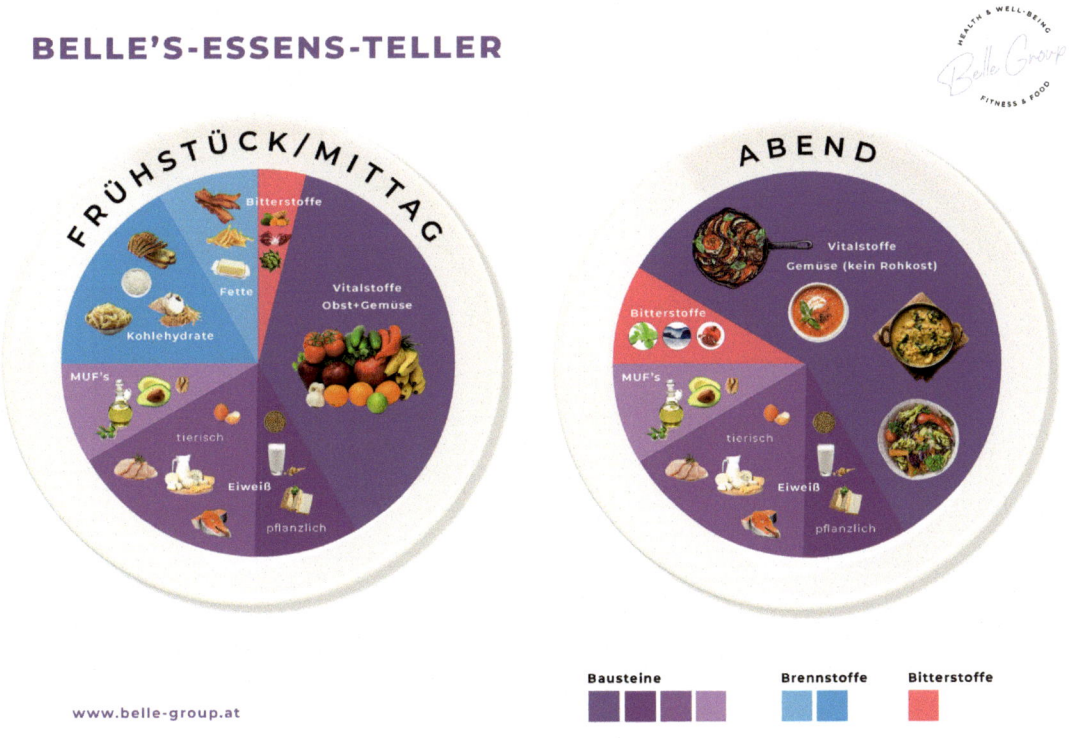

BELLE'S-ESSENS-TELLER

www.belle-group.at

Die geheime Essensformel hilft dir auch, die richtige Menge der Lebensmittel zuzubereiten. Frühstück und Mittagessen sollten aus Vitalstoffen wie Obst und Gemüse sowie aus Eiweiß bestehen. Und gute Kohlenhydrate sowie gute Fette und ein wenig Bitterstoffe sollten auch enthalten sein. Vor allem die mehrfach ungesättigten Fettsäuren sollten abgedeckt werden. Das Abendessen sollte zum großen Teil aus Gemüse bestehen, um die Vitalstoffe komplett abzudecken. Belles Teller kann man auf der Belle Academy Plattform downloaden sowie als Tischset bestellen!

Anfrage per Mail an
office@belle-group.at

So, jetzt weißt du, wie du deine Mahlzeiten ausgewogen, alltags-tauglich und abwechslungsreich erstellst. Diese Art der Ernährung ist die gesündeste – sowohl für Kinder als auch für Erwachsene.

Wer gerne eine eigene Challenge ausprobieren möchte: hier ein Bei-spiel für eine Monats-Challenge!

30 Tage – Challenge:

Ich schaffe das!

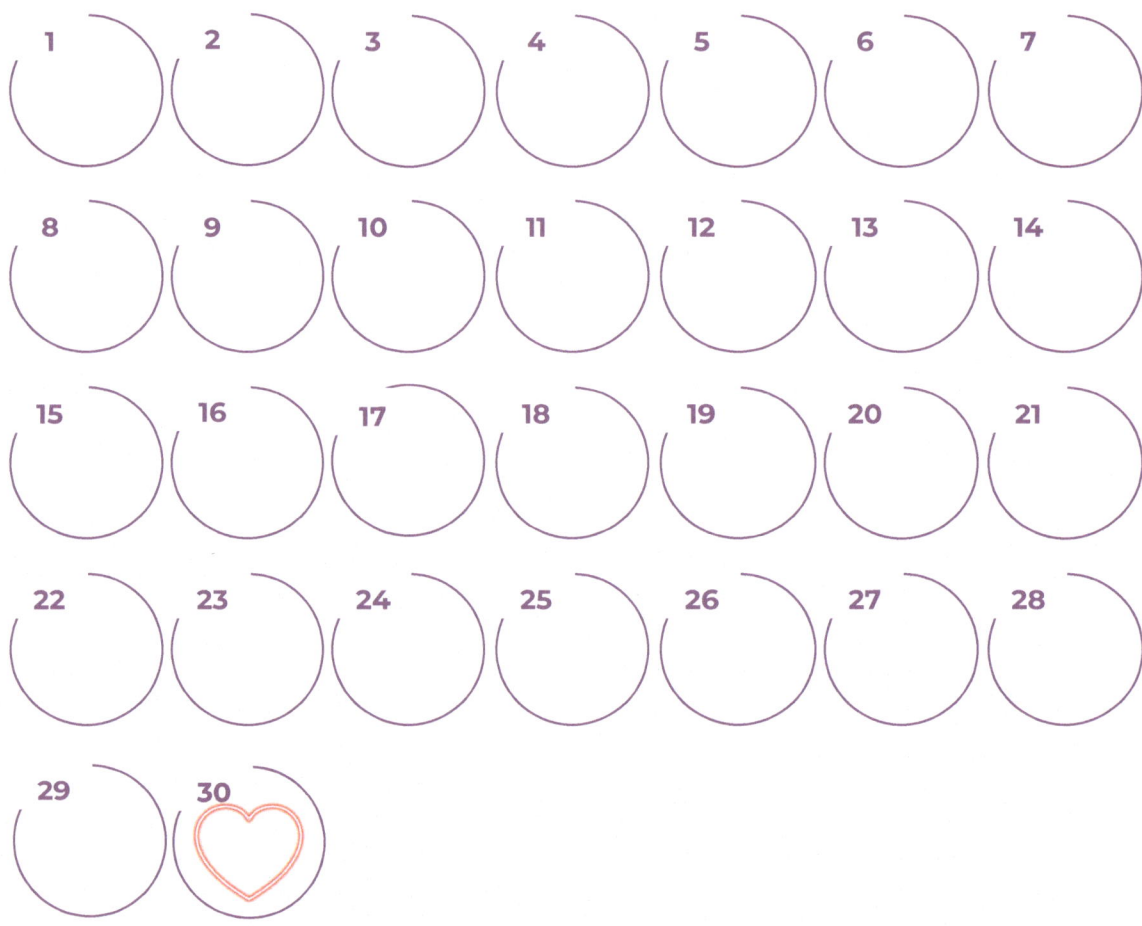

Auch zum Downloaden oder als Poster bestellbar.

Herausgeber des Buches

Die Mama Belle ist Teil der Belle-Group.

Sie bietet Kinder-Kochkurse, Kinderfitness (Indoor & Outdoor) und Kinder-Yoga-Stunden im Fitness Belle Studio im 4. Bezirk in Wien an. Arabelle Kamler hält Workshops und Impuls Vorträge über Ernährung für Gruppen und Schulen ab.

www.belle-group.at/mamabelle

www.belle-group.at